위기에 관해 잘 알아 두면, 언제 어떤 위기가 닥쳐도 두렵지 않아요.

이 도감은 세상을 살다 보면 만나는 여러 가지 위기를 1부터 100까지의 위기 수준과 새롭게 추가된 위기 감정 그래프로 나타내어, 낮은 수준의 위기 상황부터 차례차례 소개합니다.

위기 감정 그래프는 우리가 위기에 맞닥뜨릴 때 어떤 감정이 얼마나 강하게 생기는지 여섯 가지 감정으로 분석한 거미줄 그래프입니다. 이 뒤섞인 감정들을 잘 살펴보면서 여러 가지 방법으로 위기를 해결해 보아요.

위기 관련 정보를 가득 넣어 더욱 알차게 진화한 《위기 탈출 도감 2》,
여러분도 이 책을 가지고 다니면서 갑작스러운 위기에 대비하세요!

위기 탈출 도감 ②

스즈키 노리타케 글·그림 | 권남희 옮김

이야소

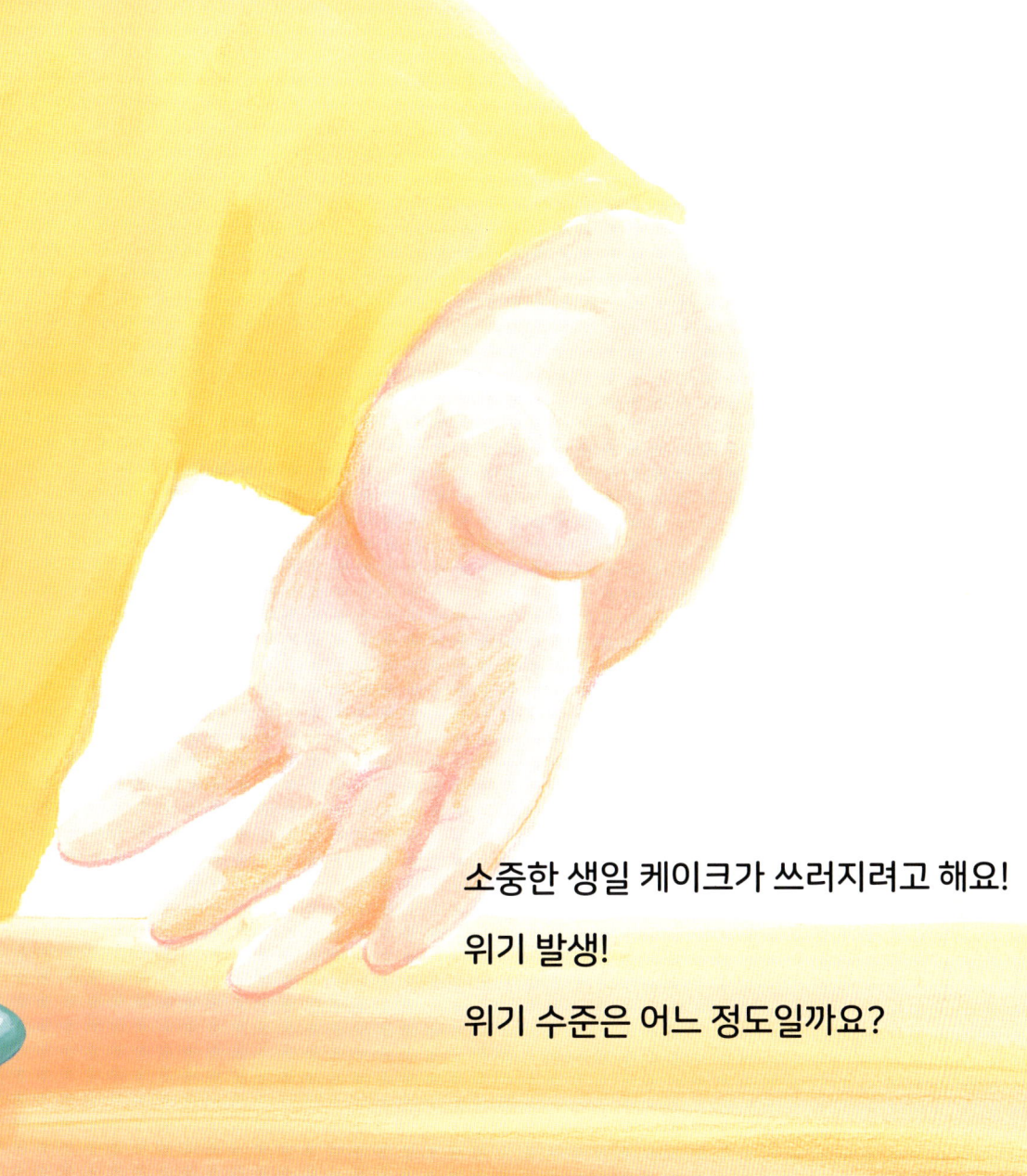

소중한 생일 케이크가 쓰러지려고 해요!

위기 발생!

위기 수준은 어느 정도일까요?

생일 케이크가
쓰러지려고 한다

위 기 수 준
26

생일 케이크가 쓰러지려고 하는 게 어째서 위기냐고요?

당황해서 가슴이 **조마조마**하니까?

쓰러지면 어떡하나 **불안**하니까?

내 것만 쓰러지면 **창피**하니까?

우리는 위기에 빠질 때 보통 이런 감정이 생깁니다.

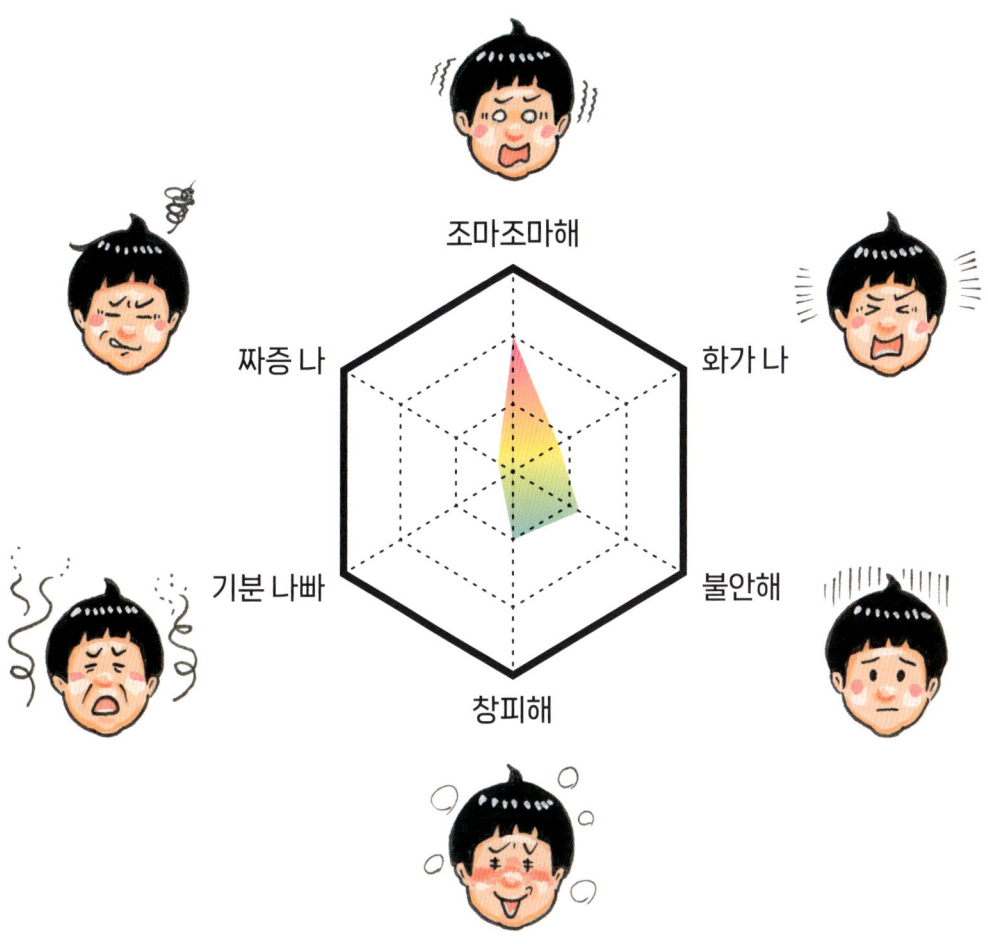

이 그림은 '위기 감정 그래프'라고 합니다.
여러 위기 상황에서 어떤 감정이 강하게 생기는지 한눈에 보여 주지요.

생일 케이크가 쓰러져서 딸기까지 굴러떨어졌다

짜증이
확 치솟아요.

위 기 수 준
30

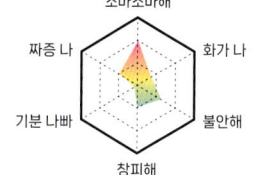

우리는 생활 속에서
수많은 위기에 맞닥뜨려요.
어떤 상황이 위기라고 여기는 이유도
사람마다 다를 거예요.

만약 여러분에게 위기가 닥치더라도
그 이유를 알고 위기의 정체를 파악하면
당황하지 않을 거예요.

자, 그럼 어떤 위기가 있는지
지금부터 함께 알아봅시다.

딸꾹질이 멎지 않는다

위 기 수 준
9

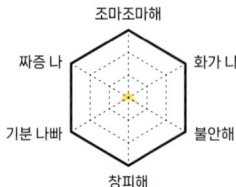

이대로 영영 멎지 않으면 어떡하나 불안해져요.
하지만 괜찮아요. 멎지 않는
딸꾹질은 없으니까요!
딸꾹질이 빨리 멎는 데
도움이 되는
몇 가지 방법이 있어요.
따라 해 봅시다.

①  설탕을 혀에 올린다.

②  딸꾹질이 나는 순간 침을 삼킨다.

③  누가 나를 깜짝 놀라게 한다.

④  고개를 거꾸로 늘어뜨린 채 물을 마신다.

친구가 딸꾹질할 때 그 순간에 맞춰 '깜짝!' 하며 가리키는 놀이도 재밌어요.

비눗방울을 불려다가 비눗물을 삼켰다

위 기 수 준
14

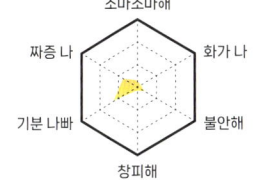

조금 삼킨 정도는 괜찮아요. 침착하게 입을 헹궈 보세요. 허둥대다가 자칫 비눗물 통을 쓰러뜨릴 수도 있어요.

{ 입속 위기! }

은박지

조개 속 모래

달걀 껍데기

내가 분 비눗방울이 음식을 먹고 있는 사람 쪽으로 잔뜩 날아갈 때도 조마조마하죠.

사인펜 뚜껑이 사라졌다

위 기 수 준
18

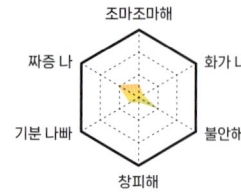

비슷한 위기!

뚜껑이
열리지 않는다.
위기 수준 **20**.

뚜껑이
닫히지 않는다.
위기 수준 **38**.

뚜껑만 남아 있다.
위기 수준 **41**.

저는 소스 병의 속 뚜껑을 뜯고 나면 핥는 습관이 있어요.  할짝.

떨어진 지우개가 보이지 않는다

위 기 수 준
19

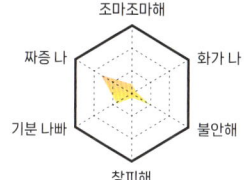

찾아보니
쓰레기통에 들어가 있어요.
위기 수준 **24**.

으아, 하필!

게다가!

비슷한 위기!

투명 자를 떨어뜨렸는데
보이지 않아요.

투명 자가 눈에 잘 띄도록 테이프를 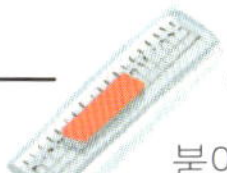 붙여 두면, 이번에는 눈금이 잘 보이지 않아서 짜증이 나요.

목욕물 속 티끌이 잡히지 않는다

위 기 수 준
21

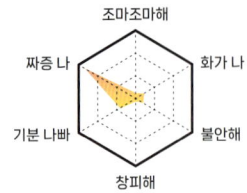

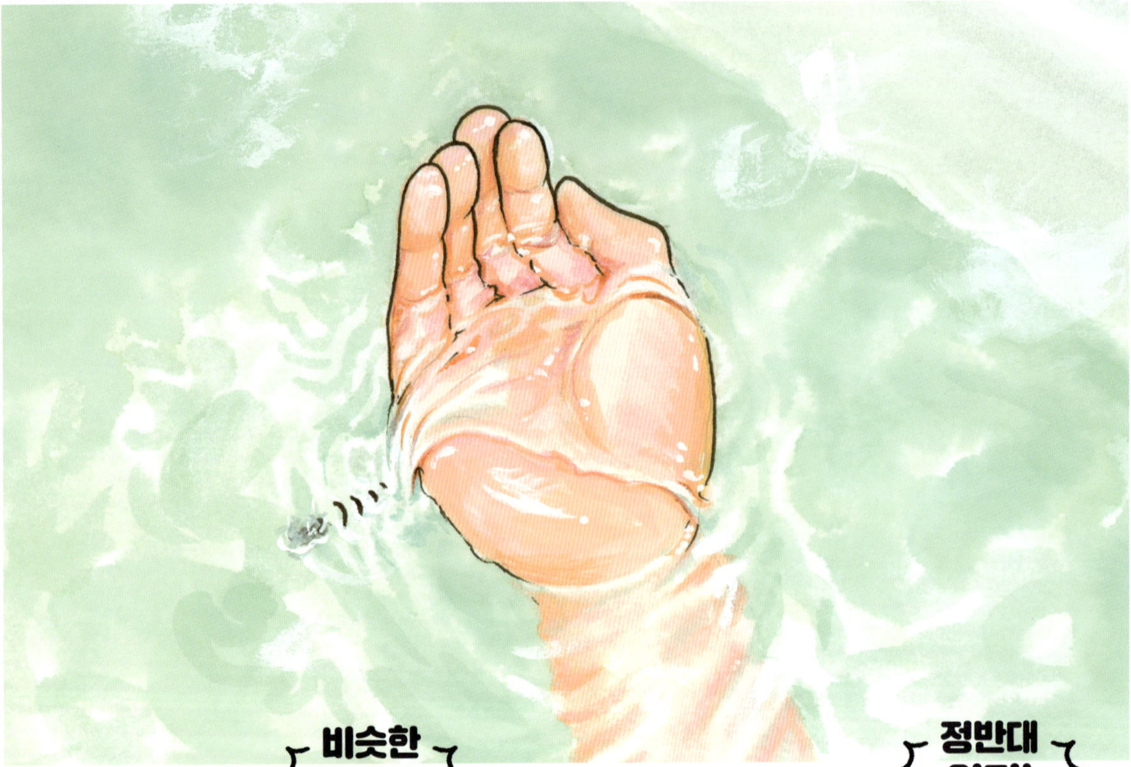

{ 비슷한 위기! }

{ 정반대 위기! }

마지막 남은 스파게티 한 가닥을 못 뜨겠어요.
미끌미끌~

미끄덩~
떨어진 젤리도 못 뜨겠어요.
녹는다~

코딱지가 손가락에 붙어서 떨어지지 않아요.
틱
틱

흰색 입욕제를 넣은 욕조에 비누를 빠뜨리면 찾느라 애를 먹어요.

밥풀을 밟았다

위 기 수 준
23

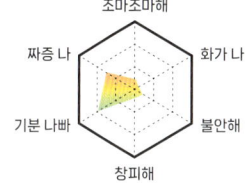

게다가!

"누가 밥풀 흘렸어!" 화를 내고 보니 다른 가족은 모두 빵을 먹고 있어요. 밥을 먹은 사람은 나뿐이었네요. 더 짜증이 나서 위기 수준은 **35**.

양말을 신은 채로 밟으면 더더욱 안 떨어져요. 위기 수준 **31**.

아얏
딱딱 딱딱

한번 밟혔던 밥풀이 그대로 바닥에 말라붙어 버리면 떨어지지 않아 화가 나요.

국수도 바닥에 곧잘 떨어져 있죠. 밥풀처럼 끈적거리지는 않아도 줍기가 어려워요.

메밀국수 맛간장이 너무 많이 남았다

위 기 수 준
32

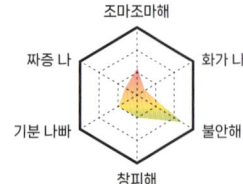

메밀국수를 적셔 먹는 맛간장은 종류가 너무 많아 복잡해요.

게다가!
남은 간장을 형한테 쓰라고 했다가 거절당했어요. 왠지 상처받은 마음에 위기 수준은 **39**로!

게다가!
랩에 싸서 냉장고에 넣어 둔 간장 그릇이 엎어져서 국물이 다 쏟아졌어요. 
위기 수준은 **44**.

14 | 송송 썬 파가 우연히 국수 가닥에 꿰어져 있으면 왠지 좋은 일이 생길 것만 같아요.

핫도그가 빙빙 돈다

위 기 수 준
37

핫도그를 먹다 보면
소시지를 감싼 빵이
빙빙 돌기 시작해요.
케첩이 흐를까 봐 무척 당황스럽죠.

손잡이 가까운 쪽
바삭바삭한 부분 먼저 먹으면
더 잘 돌아간답니다.

여기

절대 여기부터 먹지 마세요.
절대로요!

{ 비슷한 위기! }

'문어빵'이라고도 하는 다코야키도
꼬챙이에 찍으면 빙빙 돌아요.
그렇다고 얼른 입에 넣어 버리면
입천장을 델 수
있으니
조심!

핫도그는 미국에서는 콘도그라고 불리고 있어. 원래 핫도그는 막대기 없이 빵에 소시지를 넣어 먹는 음식이야.

밥이 부족하다

위 기 수 준
42

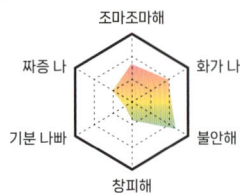

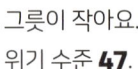
카레 위기!

그릇이 작아요.
위기 수준 **47**.

흰옷에 튀었어요.
위기 수준 **13**.

먹다 보니 과식했어요.
위기 수준 **56**.

밥을 더 떠 오면 이번에는 카레가 부족하고, 카레를 부으면 다시 밥이…. 끝없는 카레 지옥!

고기가 잘 썰리지 않는다

위 기 수 준
4 6

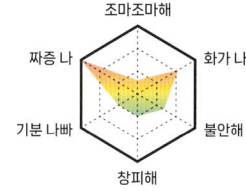

게다가!

겨우 썰었는데
고기가 잘 씹히지 않아요.
위기 수준은 **59**.
턱이 아파서
부글부글 화가 나요.
맛도 없어서
기분이 나빠요.

좋아하는 음식 위기!

만두가 터졌어요.

크레이프도 찢어졌어요.

타피오카만 남았어요.

귤의 속껍질이 입속에서 계속 질근거리며 남아 있는 것도 기분이 나빠요.

17

옷의 라벨이 걸리적거린다

위 기 수 준
48

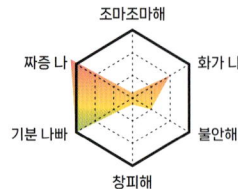

게다가!
잘라 냈지만 남은 부분이 여전히 신경 쓰여요.

게다가!
바짝 잘랐더니 옷에 구멍이 났어요.

아...

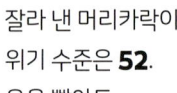

비슷한 위기!

잘라 낸 머리카락이 옷 속에 들어갔어요. 위기 수준은 **52**. 옷을 빨아도 잘 떨어지지 않고 아무리 찾아도 보이지 않아요!

딱딱하게 말라붙은 눈곱이 옷 속에 들어가서 성가시게 군 적도 있어요!

변좌를 올린 채 변기에 앉았다

위 기 수 준
4 9

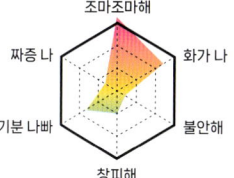

위기 탈출 퀴즈!

다음 화장실 위기를
위기 수준이 낮은 순서대로
나열해 보세요.

※ 정답은 마지막 페이지에 있습니다.

①
물고 있던 칫솔이 변기에 빠졌어요. (볼일 보기 전)

②
물고 있던 칫솔이 변기에 빠졌어요. (볼일 본 후)

③
갑자기 불이 꺼졌어요.

④
책에 끼워 둔 안내문이 변기에 빠졌어요.

위기 감정 그래프가 위쪽으로 퍼져서 빨간색이 도드라지죠. 이런 유형을 저는 **새빨간 위기**라고 부른답니다.

싱크대 수돗물이 숟가락에 떨어져
물이 사방팔방 튀었다

주방 위기!

식사 준비와 설거지를 조금씩 돕기 시작한 여러분 앞에도 이런저런 위기가 기다리고 있답니다.

위 기 수 준
53

조마조마해 · 화가나 · 불안해 · 창피해 · 기분 나빠 · 짜증 나

21

냉동실 문이 열리지 않는다

위 기 수 준
54

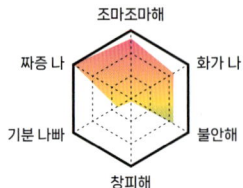

서랍 안에 무언가가 걸렸어요. 다음 세 가지가 자주 걸리곤 하죠.

아이스바 상자   냉동 우동   모아 둔 보랭재

문을 열었더니 음식이 와르르 쏟아졌어요. 위기 수준 **45**.

22   다 먹은 우유갑을 씻어서 펴 놓기 귀찮다고 일부러 조금 남기지는 마세요.

냉동실 문이 닫히지 않는다

위 기 수 준
58

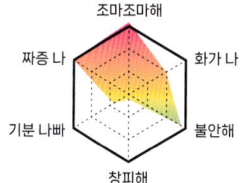

냉기가 빠져나가기 전에 얼른 닫아야 하므로 문이 열리지 않을 때보다 위기 수준이 높아요. 위쪽부터 차례차례 꺼내 보세요.

진짜 문제는 서랍 너머로 무언가가 떨어졌을 때죠. 팔을 쭉 뻗어도 닿지 않으면 어쩔 수 없어요. 어른을 부르세요.

냉동실을 정리하다 ✨ 구석에서 아이스바를 하나 찾아냈어요! 행운이다!

선생님을 엄마라고 불러 버렸다

위 기 수 준
6 0

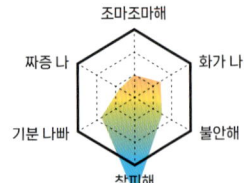

이럴 때 진짜 창피하죠.
"엄마!" 하고 또렷하고 큰 목소리로 불렀으면 위기 수준 **68**.
반대로 엄마한테 선생님이라고
불렀을 때는 위기 수준 **22**.

 위기 감정 그래프가 아래쪽으로 퍼져서 파란색이 눈에 띄죠. 이런 유형을 저는 **새파란 위기**라고 부른답니다.

위기에서 탈출!?

"엄…"에서 멈췄다면
"엄밀히 말해서…" 하고 얼버무려요.

"엄ㅁ…"까지 해 버렸으면
"엄므아아 엄마아 엉덩이가 뜨거워."
이렇게 노래로 얼버무려요.

"엄마!"라고 또렷하게 말했으면
"엄마! 아빠! 누나! 동생!
이 중에서 저한테 없는 것은 누구게요?"
하고 아무 문제나 대충 내면서 얼버무려요.

바지가 흘러내린다

위 기 수 준
62

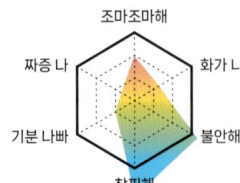

다음 해결 방법을 안전한 순서대로 나열해 보세요.
※정답은 마지막 페이지에 있어요.

① 끈

② 끈과 빨래집게

③ 박스 테이프

언제나 바지를 꼭 잡아 주는 고무줄.
문제가 생겨야 비로소
그 고마움을
알죠.

26 | 바지 엉덩이 부분이 북 찢어졌네요. 위기 수준은 **34**.

파리가 내 주위만 맴돈다

위 기 수 준
6 5

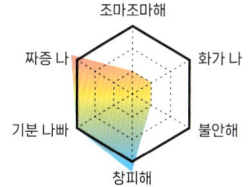

혹시 내 몸에서 냄새가 나나? 자꾸 킁킁거리면 주변 사람들도 눈치챌 수 있어요. 너무 신경 쓰지 마세요!

{ 비슷한 위기! }

동물원 체험장에서 염소들이 나만 쫓아와요.

자전거를 탈 때 풍이 같은 날벌레가 얼굴에 날아와 부딪히면 너무 아파요.

도시락을 안 가져왔다

위기 감정 그래프가 세 방향으로 쭉쭉 뻗쳐 있어요. 이런 모양의 위기를 저는 **뿔난 위기**라고 불러요.

위 기 수 준
72

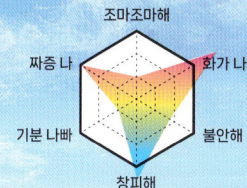

선생님과 친구들이
반찬을 하나씩 나누어 주지만,
채소만 듬뿍 쌓이곤 하죠.

누군가 빌려준 도시락 뚜껑

여러 가지 감정이 뒤얽혀 생긴 복잡한 위기인 만큼 위기 수준도 높아져요.

즐거웠어야 할 시간이 큰 위기를 만나
엉망진창이 되었어요.
이대로는 억울하니까
다시 즐거운 일을 만들어 봐요.

저녁은 초밥 사 주세요!

초밥에 고추냉이가 너무 많이 들어 있다

위 기 수 준
73

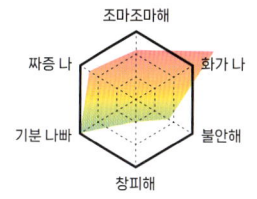

기대가 컸던 만큼
위기 수준도 올라가요.

모르는 사람 손을 잡았다

{ 외출 위기! }

놀러 가거나 쇼핑하러 가서
두근두근 콩콩 한껏 들떠 있을 때면
더욱 조심해야 해요!
사람이 많은 곳에는
위기도 많이 숨어 있으니까요.

에스컬레이터를 잘못 탔다

위 기 수 준
77

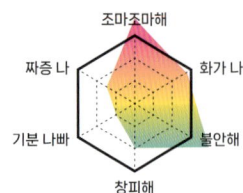

당황해서 뛰어 내려오면 안 돼요. 일단 올라간 다음, 반대편으로 가서 내려오는 에스컬레이터를 타고 돌아오세요.

그러다가 어른 속옷 매장 앞을 지나가면 괜히 좀 쑥스러워져요.

34 | 무빙워크를 탔는데 밖에서 걸어가는 사람과 나란히 갈 때도  괜히 좀 어색하죠. 위기 수준은 **1**.

엄마가 쇼핑을 너무 오래 한다

위 기 수 준
82

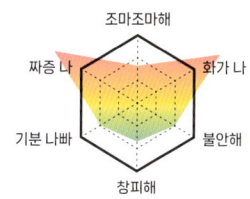

또 있다!

외출
위기!

어이쿠 헉

엘리베이터의 열림 버튼과
닫힘 버튼을 헷갈렸어요.
위기 수준 **87**.

엘리베이터에서 아기가
빤히 쳐다봐요.
위기 수준 **36**.

휘 이 이 이 이 이 잉

에어컨 바로 밑에 앉아서
너무 추워요.
위기 수준 **63**.

엘리베이터에서 빤히 쳐다보는 아기에게 손을 흔들었더니 울음을 터뜨렸어요. 위기 수준은 **55**.

엄마를 잃어버렸다

 무사히 엄마를 만날 수 있을까?

 엄마와 떨어졌을 때 다시 만날 장소를 미리 정해 두는 것이 좋아요. 여러분이라면 어디로 정하고 싶은가요?

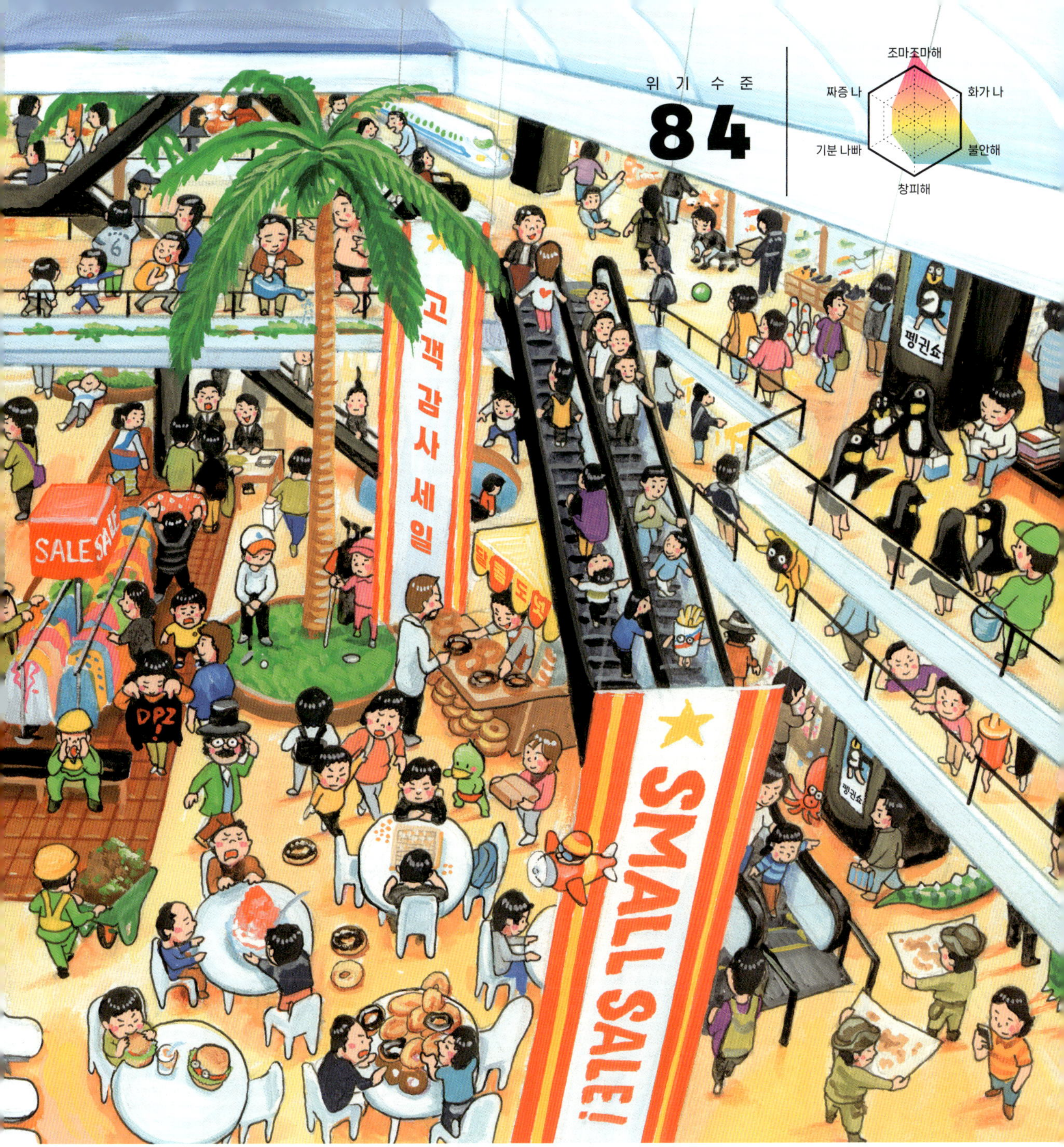
위 기 수 준
84
조마조마해
화가 나
불안해
창피해
기분 나빠
짜증 나
고객감사세일
SALE
SALE
펭귄쇼
펭귄쇼
SMALL SALE!

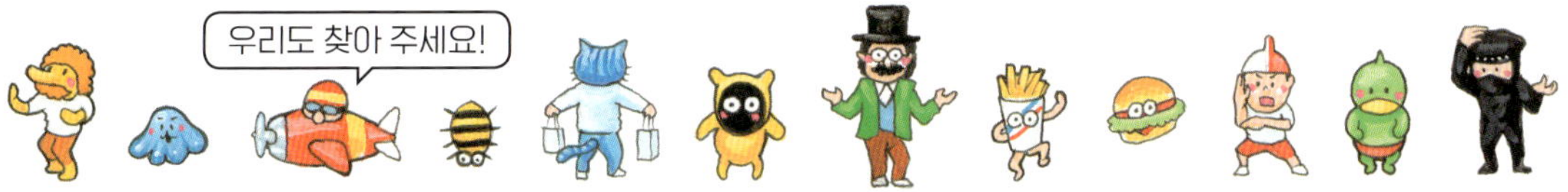

우리도 찾아 주세요!

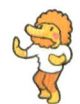

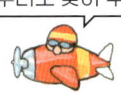

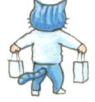

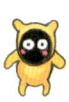

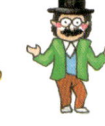

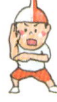

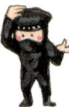

방에 모기가 있다

위 기 수 준
8 6

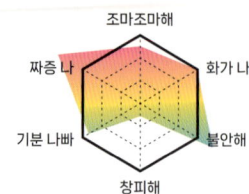

이마만 내놓고 기다리다가
모기가 이마에 내려앉으면 잡아 보세요.
하지만 이 작전은 졸리고 더워서 괴로워요.

잠자리채와 손전등을 준비해요.
채를 한참 휘두르면 이리저리 날다 지친 모기가 벽에 내려앉아요.
손전등으로 벽을 비추면 모기를
금세 찾을 수 있어요.

  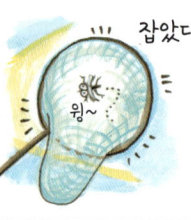

 모기를 잡고 나서 이제 좀 자려고 하면   또 한 마리가! 하룻밤에 세 마리나 잡은 적도 있어요.

위기에서 탈출!?

도저히 모기를 못 잡겠다면
방에 모기를 가두고
다른 곳에 가서 자 볼까요?

방에서 잔 형

평소와 조금 다른 분위기에서 잠자면
뜻밖에 좋은 꿈을 꿀지도 모른답니다.

아침에 못 일어났다

위 기 수 준
89

엄마가 짜증이 났다

위 기 수 준
94

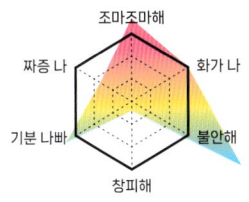

무슨 일이 있었는지 잘 모르겠어요.
일단 집안일을 좀 거들어 봐요.

아빠가 걱정이 많아 보여요.

비슷한 위기!

하아-

빨래집게를 건드리지 않고 빨래를 휙휙 잡아 당겨 뺀다면 짜증이 많이 났다는 증거예요.

나무에서 못 내려가겠다

위 기 수 준
96

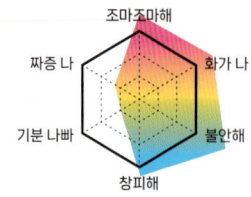

나무는 올라가는 것보다 내려가는 게 더 무서워요. 이런 경우가 또 있죠.

그리기보다 지우기가 더 힘들어요.

물속보다 물 밖이 더 추워요.

비슷한 위기!

담장에서 못 내려와요.

나무 위에 올라갔는데 매미 허물이 다닥다닥 붙어 있으면 오싹해지죠.

땅거미가 내린다

위 기 수 준
99

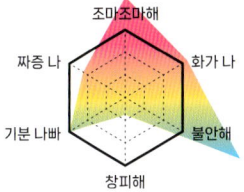

어두워질수록 점점 더 불안해져요.
힘내요. 조심히 돌아갑시다!

길가에 아무도 없어요.

 꼭 이럴 때 구급차 소리까지 왱왱 울려서 더 무서워요.

진흙탕에 빠졌다

넘어져서 **화가 나요**. 진흙투성이라 **창피해요**.

온몸이 미끌미끌해서 **기분 나빠요**. 집까지 어떻게 가죠?

불안하고 조마조마해요. 왜 이렇게 되었을까요.

생각할수록 자꾸만 **짜증이 나요**.

그런데 잠깐,

화가 나고 창피하고 기분 나쁘고

불안하고 조마조마하고 짜증이 나는 건

모두 다 내 마음속에서 일어나는 일이에요.

진흙탕에서 놀았다

내 마음속 기분은
내가 스스로 바꿀 수 있어요.

위기 탈출 퀴즈!

정답

19쪽: **4**(위기 수준 **6**)→**1**(위기 수준 **25**)→
3(위기 수준 **29**)→**2**(위기 수준 **76**)

26쪽: 안전한 순서대로 **2**→**3**→**1**
(박스 테이프는 처음에는 단단히 붙지만, 땀 때문에 금세 떨어져요.)

36~37쪽: 정답은 그림 속에 동그라미로 표시했어요.
친구들을 모두 찾았나요?

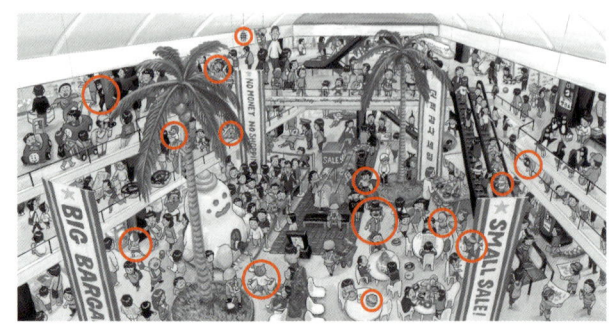

스즈키 노리타케 글·그림

1975년, 일본 시즈오카현 하마마쓰에서 태어났으며, 신칸센 기관사를 거쳐 그래픽 디자이너로 일하다가 그림책 작가가 되었습니다. 《어떤 화장실이 좋아?》로 제17회 일본그림책상 독자상을, 《살아 있는 직업 그림 사전: 스카이트리》로 제62회 소학관 아동출판문화상을 받았습니다. 《위기 탈출 도감》으로 제15회 MOE 그림책서점대상을, 《위기 탈출 도감 2》로 제17회 MOE 그림책서점대상을 수상했습니다. 그 밖에도 《케첩맨》, 《천만의 말씀》, 《깜깜한 밤이 오면》을 비롯해 재치 있고 재미난 그림책으로 많은 사랑을 받고 있습니다.

권남희 옮김

일본 문학 전문 번역가이자 에세이 작가입니다. 《창가의 토토》, 《마녀 배달부 키키》, 《이유가 있어요》, 《츠바키 문구점》, 《종이달》을 비롯해 300권이 넘는 일본 어린이책과 문학 작품을 우리말로 옮겼으며, 《혼자여서 좋은 직업》, 《스타벅스 일기》, 《번역에 살고 죽고》 등을 썼습니다.

DAIPINCHI ZUKAN 2 by Noritake SUZUKI
©2025 Noritake SUZUKI All rights reserved.
Original Japanese edition published by SHOGAKUKAN.
Korean translation rights in Korea arranged with SHOGAKUKAN
through THE SAKAI AGENCY and TONY INTERNATIONAL.

이 책의 한국어판 저작권은 토니 인터내셔널을 통한
SHOGAKUKAN과 독점 계약으로
도서출판 이아소에 있습니다.
저작권법에 의해 한국 내에서 보호받는
저작물이므로 무단 전재와 무단 복제를 금합니다.

위기 탈출 도감 2

초판2쇄 발행 2025년 5월 10일

글·그림 스즈키 노리타케
옮긴이 권남희
펴낸이 명혜정
펴낸곳 이아소
교열 최현경
디자인 이창욱

등록번호 제311-2004-00014호
등록일자 2004년 4월 22일
주소 04002 서울시 마포구 월드컵북로5나길 18 1012호
전화 (02)337-0446 **팩스** (02)337-0402

책값은 뒤표지에 있습니다.
ISBN 979-11-87113-73-7 77830

도서출판 이아소는 독자 여러분의 의견을 소중하게 생각합니다.
E-mail iasobook@gmail.com

아직 더 남았다
이런 위기도!

슈크림 속 크림이 흘러내렸다.

풀이 종이 밖으로 삐져나왔다.

피자 토핑이 떨어졌다.

반창고가 잘못 붙었다.

행주 냄새가 고약하다.

과자 봉지가 안 뜯긴다.

지퍼백이 안 닫힌다.

식당 바닥이 미끄럽다.

푸딩인 줄 알았더니 달걀찜이었다.

냄비에 가루수프 봉지까지 넣었다.

떡을 싼 잎까지 먹어 버렸다.

뭐가 새 건전지인지 모르겠다.

마지막 권만 없다.

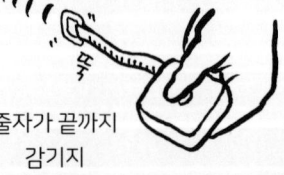
줄자가 끝까지 감기지 않는다.

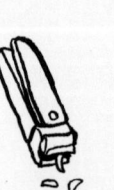
샤워기가 저쪽으로 돌아갔다.

옷을 앞뒤 거꾸로 입었다.

옷을 뒤집어 입었다.

가방에 짐이 다 들어가지 않는다.

박스 테이프가 뜯어지지 않는다.

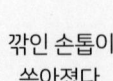
깎인 손톱이 쏟아졌다.